Widmung

Für meinen Mann, den ich unendlich liebe.
Danke für deinen Glauben an mich und deine Unterstützung.
Für meine kleine Tochter, die Liebe meines Lebens.
Danke für dein Sein.

Danke an meine Familie und meine Freunde.

Einen besonderen Dank an Rhonda Byrne,
meine große Inspiration.

Inhaltsverzeichnis

Hallo meine Liebe!

Ich freue mich sehr, dass Du dich für mein Buch entschieden hast. Ich möchte mich gerne bei Dir vorstellen, damit Du weißt, mit wem Du es auf den folgenden Seiten zu tun haben wirst. Ich werde hier in dem Buch auch die direkte Anrede benutzen und Dich persönlich ansprechen, schließlich geht es hier in diesem Buch auch um sehr persönliches.

Aber nun zu mir: Mein Name ist Sunny.
Ich bin 30 Jahre alt und lebe mit meiner Familie in Bayern auf dem Land in der Nähe von Würzburg.
Ursprünglich komme ich aber aus dem schönen Hessen.
Zu meiner kleinen Familie gehören meine bezaubernde Tochter und mein Mann.
Diese beiden Menschen sind das Wertvollste in meinem Leben.
Mein erlernter Beruf ist Erzieherin. Nach meinem Fachabitur, einem freiwilligen sozialen Jahr und der dreijährigen Ausbildung habe ich sechs Jahre als Erzieherin in einer Kinderkrippe gearbeitet.
Ich spüre aber, dass das nicht alles ist in meinem Leben. Das erfüllt mich einfach nicht komplett.
Mein Fokus nach der Elternzeit liegt auf meiner Weiterentwicklung. Mein Ziel ist es, unterstützend als Beraterin tätig zu sein und ich habe einige persönliche Projekte für meine Zukunft geplant, um mich zu verwirklichen. Ich möchte mein Wissen teilen und den Menschen helfen. Aber mehr verrate ich noch nicht.

Wie der Titel schon sagt, geht es hier in diesem Buch um das Thema Kinderwunsch und Wunschkind. Ich werde hier natürlich aus dem Nähkästchen plaudern und Dir meine Tipps und Tricks offenbaren, mit denen es bei mir geklappt hat. Ich werde Dich an meiner etwas

anderen Sichtweise teilhaben lassen und Dir damit vielleicht sogar neue Blickwinkel eröffnen.
Ich möchte sehr gerne meine Erfahrungen mit Dir teilen, denn auch ich kenne die *Achterbahnfahrt der Gefühle*, wenn man sich mitten im Kinderwunsch befindet und sich mit den Höhen und Tiefen alleine fühlt.
Auch ich habe mehrere Jahre Kinderwunsch erlebt.
Ich habe drei kleine Sternchen, die oben am Himmel tanzen und ganz hell für mich und meine Familie leuchten.
Bei meiner vierten Schwangerschaft hat sich meine kleine süße Tochter dazu entschieden, zu bleiben. Dafür bin ich sehr dankbar.
Sie hat mein Herz ab der ersten Sekunde erfüllt und nach all dem vorangegangenen Schmerz vollkommen geheilt.
Mir liegt es sehr am Herzen, Dir mit diesem Buch Mut zu machen, Dir eine große Portion Verständnis zu schenken und Dich letztendlich deinem Wunschkind ein Stückchen näher zu bringen.
Vor allem aber möchte ich Dich an die Hand nehmen und ein paar Schritte deines Weges begleiten. *Du bist nicht allein*.

Ich glaube ich habe in meiner Kinderwunschzeit alle Gefühle erlebt, die man haben kann. Positive, wie negative.
Ich kenne die anfängliche Euphorie, die Leichtigkeit. Die unbändige Vorfreude. Die Hoffnung. Den Zauber, der jedem Anfang inne wohnt. Die Liebe. Die Lust.
Aber ich kenne auch die Trauer und den Schmerz. Die Ohnmacht. Die Wut. Den Neid. Die Schuldgefühle.
Alles Gefühle, die dazu gehören.
Wenn man endlich die große Entscheidung mit seinem Partner getroffen hat, *ein Baby zu planen*, dann nimmt diese „Planung“ bei den meisten Frauen etwas überhand. Ich weiß, wovon ich rede.

Ich selbst bin ein Mensch, der sich gerne auf alles vorbereitet und strukturiert.
Einen Tag nach unserem Entschluss „Wir wollen ein Baby“ war ich in der Apotheke und habe mir die berühmte Folsäure geholt, um meinen Körper optimal auf eine mögliche Schwangerschaft vorzubereiten.
Als ich aus der Apotheke rausgegangen bin, musste ich lächeln und habe mich richtig erwachsen und stolz gefühlt.
Schließlich ist es eine sehr wichtige und verantwortungsvolle Entscheidung, Eltern zu werden. Sollte es zumindest sein.
Selbstverständlich hatte auch ich einen Zykluskalender auf meinem Handy, der mir signalisiert hat, wann mein Eisprung war.
Wenn man mal so überlegt, eigentlich ganz schön irrsinnig. Ein Kalender soll den Tag meines Eisprungs besser kennen, als ich selbst oder mein Körper?!
Aber auch ich hatte darauf vertraut und schön die „Bienchen fliegen lassen“ zwischen Zyklustag 12 und 14. Hätte ich da doch nur schon gewusst, dass mein Eisprung eigentlich immer um den 11. Zyklustag war. Aber dazu später mehr.
Der Kinderwunsch und die Fehlgeburten haben mich an manchen Tagen an den Rand meiner Kräfte gebracht. Es gab eine Zeit, da spürte ich keine Lebensfreude mehr. Ich sah eigentlich keinen Sinn mehr. Ich war deprimiert und tieftraurig. Hatte ich doch nur diesen einen großen Herzenswunsch. Ein eigenes Baby. Endlich Mami sein.
Ich litt lange Zeit unter Zwangsstörungen / Zwangsneurosen. Die haben teilweise wirklich mein ganzes Leben bestimmt und ich habe mich in meinem Körper „gefangen“ gefühlt.
Ich bin nämlich ein Mensch, der immer die Kontrolle über alles haben muss. Also zumindest was mein Leben betrifft.
Aber ich musste lernen, dass das Leben nicht so läuft. Ich holte mir psychologische Hilfe.

Nach über einem Jahr Therapie lernte ich, mit meinen Zwängen und dem unerfüllten Kinderwunsch umzugehen. Ich habe mich vollkommen darauf eingelassen und bin für meine tolle Psychologin und deren großartige Hilfe auch heute noch sehr dankbar. Am besten geholfen hat mir einfach die Gewissheit, dass mir wirklich jemand zuhört. Das war schon die größte Hilfe.
Ich hatte plötzlich die Erkenntnis (sie kam mir nach einer Therapiestunde, als ich im Auto saß und im Stau steckte und Zeit zum Nachdenken hatte), dass nur *Ich selbst* mir helfen kann. Und nur *ich selbst* etwas ändern kann.
Plötzlich spürte ich in mir enormen Mut, Stärke und Entschlossenheit. *„Ich bin der Schlüssel zur Veränderung"*, wurde es mir bewusst.
Als ich später an diesem Tag zu Hause ankam und aus dem Auto stieg, waren meine Zwangsneurosen nahezu ganz verschwunden.
Mit einer ganz simplen Lösung: Ich habe so getan, als wäre ich geheilt und gesund. Ich habe sozusagen „geschauspielert". Ich habe mir eingeredet, dass ich völlig gesund sei. Ich habe plötzlich *geglaubt*, dass ich gesund sei. Im Nachhinein wurde mir erst richtig klar, wie viel Kraft meine Gedanken haben.
Ich stieß durch eine wundervolle Fügung auf das Buch „The Secret" von Rhonda Byrne. Das Buch hatte mir schon unheimlich viel Kraft gegeben und daraufhin habe ich ihr weiteres Werk „The Power" gekauft und gelesen. Und das war mein persönlicher Durchbruch. Es hat mich so sehr bestärkt und geheilt. Dieses Buch ist für mich heilig. Seit diesem Buch weiß ich, dass ich alles schaffen kann und wirklich *alles* im Leben möglich ist. Meine Liebe, ich lege Dir dieses Buch von Rhonda sehr ans Herz und empfehle es Dir aus meinem tiefsten Inneren. Dieses Buch hat mich gerettet.
Ich werde Dich selbstverständlich an manchen Stellen ein wenig in das kostbare Wissen von Rhonda Byrne einweihen.

Du hast dein Baby verdient!

Keine Sorge, Du wirst hier nicht die allseits beliebten Sätze wie *„Entspanne Dich! Mach' Dir nicht so viel Stress."*, *„Du setzt dich viel zu sehr unter Druck! Du musst lockerer werden."* oder *„Vielleicht ist es noch nicht der richtige Zeitpunkt."* von mir lesen.
Definitiv nicht. No way.
Ich denke Du kennst sie alle, die gut gemeinten Ratschläge der lieben Verwandten und Freunde. Dabei meinen es diese Menschen oft gar nicht böse. Klar gibt es natürlich auch die ein oder anderen „Klugscheißer" und werten über deine Situation, aber oft weiß das Umfeld nur nicht, mit der Hilflosigkeit umzugehen.
Aber solche Sätze schmerzen und nerven. Sie helfen ganz und gar nicht. Man fühlt sich plötzlich, als müsste man sich für seinen innigsten Wunsch rechtfertigen.
Überall liest man doch, man solle für seine Träume kämpfen. Für sie einstehen. Sie verwirklichen. Mehr Energie in sie fließen lassen. Und wenn man dann sein ganzes Herzblut in seinen größten Traum steckt heißt es plötzlich: *„Chill' mal. Mach' mal langsam."*
Mit diesen Floskeln verbietet man einem ja eigentlich, sich alles so schön auszumalen. Zu hoffen. *Zu träumen.*
Gerade diese Vorstellungskraft, sich eines Tages als *liebende Mami* zu sehen, ist doch das Wichtigste, damit der Wunsch in Erfüllung geht. Man darf seinen Glauben daran von nichts und niemanden erschüttern lassen.
Der starke Glaube, dass man auf jeden Fall Mama wird, hat auf dieser Erde schon Wunder bewirkt.
Ich möchte Dich ermutigen und stärken.
Lasse Dir deine Hoffnung und Fantasie nicht nehmen! Höre nie auf, zu träumen und alles für deinen Wunsch zu tun!
Ich empfehle hier ganz klar das Gegenteil dieser gut gemeinten Ratschläge.
Träume von deinem Baby!

Glaube an dein Baby. Denke an dein Baby.
Du hast ein Baby verdient. Dein Baby.
Sage es zu Dir selbst: *Ich habe mein Baby verdient*.

„Glaube ist, daran zu glauben, was du noch nicht sehen kannst; und die Belohnung dieses Glaubens ist, dass du das, woran du glaubst, sehen wirst.“
- hl. Augustinus von Hippo

Werde Dir bewusst, dass Du selbst die Hauptrolle in deinem Leben spielst. Wenn Du das erkennst, hast Du die Möglichkeit, dein Leben zum schönsten Film der Welt zu entwickeln.

Du willst es? Du kriegst es!

(„Das Gesetz der Anziehung“ ist dein Schlüssel zum Glück)

Das **Gesetz der Anziehung** ist das mächtigste Gesetz im Universum und bedeutet einfach gesagt: Gleiches zieht Gleiches an.
Das heißt, dass was Du gibst, bekommst Du wieder zurück.
Stelle Dir vor, Du wärst ein Magnet.
Wenn Du nur positiv denkst, dann kannst Du laut dem Gesetz der Anziehung auch nur positives in dein Leben ziehen.
Du gibst positives, dann empfängst Du positives.

Alles im Universum hat eine magnetische Schwingung, auch Frequenz genannt. Ebenso unsere Gedanken und Gefühle sind magnetisch und haben alle eine bestimmte Frequenz.
Wenn Du also Gedanken in einer bestimmten Frequenz aussendest, dann reagiert das Universum, in dem es Dir alles schickt (das können materielle Dinge, Ereignisse, Menschen oder Lebensumstände sein), dass auf derselben Frequenz schwingt, wie deine Gedanken.
Kurz gesagt: Du ziehst magnetisch alles an, was Du gefühlsmäßig und gedanklich aussendest.

„Die Schwingungen der Gedankenkräfte sind die feinsten und folglich die mächtigsten, die es gibt.“
- Charles Haanel

„Alles, was in Ihr Leben kommt, ziehen Sie selbst in Ihr Leben herein. Es wird zu Ihnen gezogen aufgrund der Bilder, in denen Sie denken. Es ist, was Sie denken. Was immer in Ihrem denkenden Geist vorgeht, ziehen Sie zu sich heran.“
- Rhonda Byrne

Beispiel: Du hast am Morgen deinen Wecker nicht gehört und wachst zu spät auf. Dementsprechend hast Du Zeitdruck und bist wahrscheinlich genervt und deine Gedanken kreisen nur ums „zu spät kommen." Du fährst hektisch los zur Arbeit und denkst die ganze Zeit, dass Du bestimmt zu spät kommen wirst und Du dann Ärger bekommst. Ach, einen Parkplatz wirst Du jetzt sicherlich auch nicht auf Anhieb finden. Ist doch immer so.

Du denkst negativ. Du fühlst negativ. Du sendest negative Schwingungen aus. Das bedeutet, dass Dir das Universum alles zusendet, was auf derselben negativen Frequenz ist.
Die Folge daraus: Du wirst sehr wahrscheinlich zu spät kommen. Auf deinem Arbeitsweg sind wahrscheinlich alle Ampeln rot und Du hast bestimmt noch einen langsamen Traktor und dann noch die Müllabfuhr vor Dir. Du wirst Dich wahrscheinlich immer mehr aufregen. Auf der Arbeit angekommen, bekommst Du dann noch gesagt, dass Die Kaffeemaschine kaputt ist. Wie sollte es auch anders sein.

Verstehst Du was ich Dir sagen will? Je negativer Du denkst, desto mehr negative Sachen werden in dein Leben treten. Das ist Gesetz. Achte auf deine Gedanken. Sobald Du dir bewusst wirst, dass Du negativ denkst, ändere es sofort. Denke direkt an schöne Sachen. Was liebst Du? Zähle innerlich alles auf, was Du liebst. Du wirst sofort eine mentale Veränderung bemerken. Vertraue mir. Und auch deine Umstände werden sich daraufhin ändern. So ist das Gesetz.

So ist es auch bei dem Kinderwunsch. Wenn Du vielleicht schon lange Jahre unter dem unerfüllten Kinderwunsch leidest, dann sendest Du auch das ans Universum. Wenn Du andere schwangere Frauen siehst, dann möchtest Du dich bestimmt freuen, weil es sich so gehört.

Vielleicht freust Du dich auch wirklich von Herzen, weil es deine beste Freundin ist. Aber tief in deinem Inneren gibt es Dir einen Stich ins Herz und Du bist traurig. Hast einen Kloß im Hals. Du fühlst den Neid und die Ungerechtigkeit, weil Du auch gerne schwanger wärst. Welches Gefühl überwiegt nun? Die Freude oder die Traurigkeit? Wenn Du nur Traurigkeit und Neid empfindest, dann schickt Dir das Universum mehr Sachen, damit Du noch mehr Traurigkeit und Neid empfindest. Es hört erst auf, wenn Du deine Gedanken und somit deine Schwingung änderst.

Deine Gefühle kommen immer vom Herzen. Beginne, im Herzen glücklich zu sein, dann werden auch deine Gedanken schön.

Ich habe Dir ja versprochen, Dir einen kleinen Einblick in das Buch von Rhonda Byrne zu schenken:

„Wenn Sie Ihre Gefühle einer bestimmten Situation gegenüber verändern, dann senden Sie ein anderes Gefühl aus; Sie haben somit eine andere Gefühlsfrequenz, und die Situation muss sich daher verändern, weil sie Ihre neue Frequenz widerspiegelt. Wenn etwas Negatives in Ihrem Leben passiert ist; können Sie umschalten. Es ist nie zu spät, denn Sie können immer die Art Ihrer Gefühle verändern.
Das Einzige, was Sie tun müssen, um zu bekommen, was Sie sich wünschen, und um alles zu verwandeln, was Sie sich wünschen – egal was -, ist, Ihre Gefühle zu verändern.
Viele Menschen wissen so gut wie nichts über die Macht der Gefühle, und so sind ihre Gefühle Reaktionen oder Antworten auf das, was ihnen widerfährt. Sie haben ihre Gefühle auf Autopilot gestellt, anstatt sie gezielt einzusetzen. Wenn etwas Gutes passiert, fühlen sie sich gut. Wenn etwas Schlechtes passiert, dann fühlen sie sich schlecht. Sie sind sich nicht klar darüber, dass ihre Gefühle Grund dafür sind, was ihnen passiert. Indem sie mit negativen Gefühlen auf etwas reagieren, senden sie weitere negative Gefühle aus, und

dann beschert ihnen das Leben noch mehr negative Umstände. Sie sind in einem Teufelskreis ihrer Gefühle gefangen. Ihr Leben dreht sich wie ein Hamster im Rad immer im Kreis, und nichts geht voran, weil sie nicht verstehen, dass sie ihre Gefühlsfrequenz verändern müssen."
(Auszug aus dem Buch „The Power", von Rhonda Byrne, 2010, Seite 50/51)

Es ist so wichtig Liebes, dass Du bewusst darauf achtest, positiv zu denken. Das ist schon die halbe Miete. Eine einfache Regel: Sende mehr positive Gedanken aus, als negative. Dann überwiegt das Positive und Du musst Positives zurückbekommen. Eigentlich ganz einfach.

Manifestiere dein Wunschkind

Manifestieren = materialisieren / erschaffen / „etwas sichtbar werden lassen"

Meine Erklärung der Manifestation:

Du wünschst Dir etwas aus tiefstem Herzen. Du denkst an diesen Herzenswunsch und lässt alle deine intensiven Gefühle für diesen Wunsch in deine Gedanken fließen und stellst Dir vor, wie Du deinen Wunsch in Händen hältst, bzw. dass sich dein Wunsch erfüllt hat. Du fühlst, dass dein Wunsch wahr geworden ist. Du empfindest die Freude, die Aufregung, die Erfüllung. Danach trägst Du ein bedingungsloses, grenzenloses Vertrauen in Dir, dass dein Wunsch sich erfüllen wird. Er wird sich erfüllen. Du bist Dir absolut und ohne Zweifel sicher, dass dein Traum Wirklichkeit wird. Du lässt deinen Wunsch ins Universum ziehen. Das Universum liefert. Du empfängst.

Vorstellen. Fühlen. Erhalten.

Wie manifestiere ich?

Du manifestierst durch deinen unerschütterlichen Glauben, deine Vorstellungskraft und durch *Visualisierung*.
Bei der Visualisierung konzentrierst Du dich auf deine inneren Bilder. Mit der Hilfe der Visualisierung erschaffst Du dir mit deinen Gedanken eine neue Realität.
Das bedeutet, dass Du dir das, was Du dir wünschst, vorstellst und *fühlst*.

Beispiel:
Wenn Du als Kind mit deiner imaginären Freundin gespielt hast, dann hast Du sie dir *vorgestellt*. Du hast ihr ein Gesicht gegeben in deiner Fantasie. Du wusstest, wie sie aussieht und hättest sie bis ins kleinste Detail beschreiben können. Du hast mit ihr geredet, ihr etwas zum

Trinken eingeschenkt, ihre Haare gebürstet. Du hast so *„getan als ob…“*. Du hast so getan, als ob sie *Wirklichkeit* wäre. Du hast *gefühlt*, dass sie wirklich da ist. Du hast nicht daran gezweifelt. *Du hast manifestiert*. Du hast daran geglaubt.

Wenn Du manifestierst, ist es essenziell wichtig, dass Du 100% Vertrauen in deinen Glauben und deine Fähigkeiten hast. Es gibt keine Zweifel. Es gibt keine Angst. Wenn Du Vertrauen hast, wird das Universum deinen Wunsch erfüllen.

<u>Beispiel</u>: (Du manifestierst unbewusst jeden Tag)
Wenn Du dir bei einem Lieferdienst eine Pizza bestellst, dann siehst Du sie schon vor deinem geistigen Auge. Du kannst sie förmlich riechen und schmecken und Du freust Dich auf sie. Und weißt Du, was Du noch machst? *Du vertraust und wartest*. Du bist Dir sicher, dass die Pizza zu Dir kommen wird. Du setzt dich also gemütlich auf die Couch und wartest.
Du weißt, dass deine Pizza auf dem Weg zu Dir ist.
Du rufst nicht noch drei Mal hintereinander beim Lieferdienst an und fragst nach. Du rennst nicht total aufgelöst und ängstlich herum aus Unsicherheit, ob sie auch wirklich geliefert wird. Du bestellst sie ein Mal.
Du hast *keine Zweifel*! Die Pizza wird kommen. Das weißt Du zu 100%. Du *vertraust*. Du *visualisierst*. Du *stellst* Dir schon *vor*, wie Du die heiße Pizza aus dem Karton holst und reinbeißt. Du *fühlst* die Vorfreude und wie es sein wird, die Pizza zu essen.
Du manifestierst, weil Du dir vorstellst, wie es ist, wenn Du die Pizza in Händen hältst. Und dann wird sie auch bald dort sein.

Das Geheimnis: Du musst Dich so fühlen, als wäre dein Wunsch schon in Erfüllung gegangen.
Versuche Dir vorzustellen, wie es wäre, wenn Du es schon hättest.

Wie würde es Dir gehen, wenn dein Wunsch schon wahr geworden ist? Dieses Gefühl, das Du dabei spürst ist der Schlüssel, um es wirklich zu empfangen.
Du musst so tun, als hättest Du es schon erhalten.

„Erobern Sie sich das Gefühl, das mit ihrem erfüllten Wunsch verbunden ist, und stellen Sie sich das Gefühl vor, dass Sie hätten, wenn das Gewünschte schon in Ihrem Besitz wäre – und Ihr Wunsch wird sich materialisieren."
- Neville Goddard

Du wirst jetzt vielleicht denken „Ja aber das mit der Pizza ist ja auch einfach, weil ich beim Lieferdienst angerufen habe." Da hast Du Recht, *Du bist selbst aktiv geworden*. Du hast bestellt. Du hast die Erfüllung deines Wunsches selbst in die Hand genommen.
So soll es auch sein. Du fragst Dich jetzt wahrscheinlich, wie man das mit einem Wunsch nach einem eigenen Baby vergleichen kann. Eine berechtigte Frage. Meine Antwort: Du musst dafür aktiv werden. Bei der Pizza wurdest Du aktiv, weil Du angerufen hast. Du sendest deinen Wunsch aus, Du bestellst. Der Pizza-Lieferdienst erfüllt Dir deinen Wunsch. So funktioniert das auch beim Universum. Das Universum liefert auch. Das Prinzip ist das Gleiche. Du kannst auch gerne dein Handy in die Hand nehmen und *„so tun als ob"* Du beim Universum anrufst, um ein Baby „zu bestellen". Wenn es Dir dabei hilft. Manchmal braucht man kleine Eselsbrücken. Wenn Du dir zum Beispiel ein neues Auto wünschst, wirst Du aktiv, in dem Du in ein Autohaus gehst, um mit deinem Wunschfahrzeug eine Probefahrt zu machen. Oder Du schaust im Internet und stellst Dir deinen Traumwagen mit deiner Wunschinnenausstattung in einem Konfigurator zusammen. Du wirst aktiv, damit Du es Dir besser vorstellen kannst, damit es sich real anfühlt. Du wirst aktiv, damit sich dein Wunsch erfüllt. Ganz simple Logik. Alles beginnt mit einem Wunsch. Wenn Du in deinem Traumwagen eine Probefahrt machst, der Neuwagenduft in deine Nase zieht, dann musst Du dir vorstellen, dass Dir dieser Wagen bereits gehört. Spürst Du dieses geniale

Gefühl? Dieses Gefühl brauchst Du, damit Du die richtige Frequenz ans Universum aussenden kannst. Je öfter Du diese Frequenz aussendest, desto höher wird die Anziehungskraft, desto schneller erfüllt sich dein Wunsch.

„Die Vorstellungskraft ist der Beginn des Erschaffens. Man stellt sich vor, was man will; man will, was man sich vorstellt; und am Ende erschafft man, was man will."
- George Bernard Shaw

Die Schritte der Manifestation:

1. Definiere klar und deutlich: *Was wünschst Du dir*? Nehme Dir bewusst Zeit und schreibe deinen Wunsch detailliert auf.
2. *Warum wünschst Du es dir*? Begründe es. (z.B. Warum wünschst Du dir 100.000€? Wofür möchtest Du das Geld ausgeben? Kenne dein Ziel.)
3. Empfinde Liebe & Freude für deinen Wunsch und für dein Leben. Sei dankbar für alles, was Du schon hast.
4. Visualisiere deinen Wunsch mit einem Visionboard.*
5. *Fühle*, als hättest Du das, was Du dir wünschst schon erhalten. Versuche *dieses Gefühl* festzuhalten, damit Du diese Energie aussenden kannst.
7. Habe zu 100% Vertrauen! Sei Dir so sicher wie noch nie.
8. Lasse los und warte. (*Tue so, als ob dein Wunsch schon auf dem Weg zu Dir ist*. Erinnere Dich an das Pizza-Beispiel.)

Merke Dir:

Loslassen bedeutet nicht, dass Du nicht mehr an deinen Wunsch denken darfst. Du darfst daran denken, Du *sollst* daran denken. Und das bitte täglich. Du sollst ja aktiv werden, damit es sich für Dich so real wie möglich anfühlt.
Loslassen heißt in diesem Fall:
Nicht mehr hinterfragen.
Nichts mehr in Frage stellen.

Keine Unsicherheiten mehr ausstrahlen.
Keine Zweifel mehr zulassen.
Keine Angst mehr haben.
Kein permanentes Kontrollieren. Gib die Kontrolle ab!
Du *lässt* alle Zweifel, Ängste und Unsicherheiten *los* und vertraust dem Universum zu 100%. Du bist Dir sicher, dass sich dein Wunsch erfüllt. Du glaubst an deinen starken Glauben und deine Fähigkeit, zu manifestieren. Du bist voller Liebe.

„Zweifel sind Verräter, sie rauben uns das Gute, das wir oft gewinnen könnten, wenn wir nur einen Versuch wagten."
- William Shakespeare

*Was ist ein Visionboard? Ein Visionboard, auch Visionstafel oder Traumcollage genannt, soll Dich täglich an deine Träume und Ziele erinnern. Du kannst alles dafür nutzen, was Du für wichtig empfindest und was Dich motiviert, zum Beispiel: Bilder, Fotos, Stichwörter, Sprüche, Affirmationen, Federn, Poster, etc.
Deiner Fantasie sind keine Grenzen gesetzt. Platziere deine Collage so, dass Du sie jeden Tag sehen und Dich an ihr erfreuen kannst. Zum Beispiel an deinem Kleiderschrank, über deinem Schreibtisch. Wichtig ist, dass es Dich dazu einlädt, zu träumen und in ein Gefühl der Begierde zu verfallen.

Nochmal zur Erinnerung:

Gefühle sind beim Manifestieren die Geheimzutat. Das Must-have. Ohne die richtigen Gefühle, bzw. die richtige Gefühlsfrequenz funktioniert kein Manifestieren. Du musst deine Gedanken mit Gefühlen verbinden, damit dein Wunsch in Erfüllung gehen kann. Mache alles, um diese Gefühle in Dir auszulösen. Was lässt Dich träumen? Dreh' deine Lieblingsmusik ganz laut auf, tanze und sage

Dir, dass Du alles erreichen kannst, was Du willst.
Nur das Beste wird zu Dir kommen, weil Du genau das verdienst!

Meine Vorschläge, wie Du dein Baby manifestierst:

1. Stelle Dir vor, Du bist schwanger.
2. Visualisiere, wie Du einen positiven Schwangerschaftstest in deinen Händen hältst. (Kaufe Dir zum Beispiel einen Test und male einen zweiten Strich darauf. Alles was Dir hilft, damit es sich für Dich so real wie möglich anfühlt, ist willkommen.)
3. Berühre deinen Bauch. Signalisiere deinem kleinen Liebling deine Vorfreude und sage aus vollem Herzen: *„Ich freue mich so sehr, dass Du da bist. Danke, dass Du den Weg zu mir gefunden hast."*
4. Spüre die Liebe und Bindung zu deinem Baby.
5. Stöbere schon mal online in Babymärkten nach Kleidung für dein Baby.
Fülle den Warenkorb / Merkliste damit. (denke an: ...*„so tun als ob"*...)
5. Versuche Dir aus tiefstem Herzen vorzustellen, wie Du dein Baby in deinem Arm hast und an deine Brust drückst. Fühlst Du diese bedingungslose Liebe?
Glaube so sehr Du kannst, dass dieses Gefühl real ist.
6. Schaue nach Babynamen. Hast Du schon einen Kosenamen für deinen kleinen Liebling?

Du musst das Gefühl, dass Du in dir spürst, wenn Du denkst Du wärst schwanger, mit aller Stärke in deine gedanklichen Bilder „einarbeiten" und aussenden. Benutze die positive Affirmation und sage sie vor dem Spiegel zu Dir selbst, damit Du es glauben kannst. Denke daran, es gibt keine Zweifel und keine Angst mehr in deinem Leben. Du spürst Sicherheit und hast Vertrauen.

Eines der schönsten Gefühle ist es,
wenn wir uns umarmen,
unsere Herzen den gleichen Takt schlagen
und wir im gleichen Rhythmus atmen.

Hier kannst Du deine Babynamen eintragen

Mädchen

Jungen

Affirmationen

Unsere täglichen Gedanken beeinflussen unser Leben und formen letztendlich unsere Realität.
Affirmationen sind kurze Sätze, die positiv formuliert sind.
Zum Beispiel:

Ich bin wertvoll und werde geliebt.
Ich bin selbstbewusst und stark.

Diese positiven Sätze werden mehrmals täglich innerlich aufgesagt oder auch laut ausgesprochen.
Ziel ist es, mit Affirmationen positive Gedanken gegen negative Gedanken auszutauschen.
Mit Affirmationen programmiert man sozusagen sein Unterbewusstsein um. Das Unterbewusstsein ist bei den meisten Menschen eher durch negative Glaubenssätze geprägt.
Dies führt dazu, dass sie dann eher ängstlich und pessimistisch sind und dies auch ausstrahlen.
Wichtig bei Affirmationen sind die Wiederholungen.
Je öfter Du sie denkst und aussprichst, desto eher passt sich dein Verhalten diesen positiven Gedanken an.
Und was glaubst Du passiert?
Deine positiven Gedanken beeinflussen nun deinen Verstand und dies führt zu einer positiven Veränderung deiner Realität.
Klingt einfach, ist es auch. Probiere es aus!
Deine zukünftigen Gedanken werden zu deiner zukünftigen Realität.
Am besten beginnst Du noch heute damit, Dir deine Sätze aufzuschreiben. Sehr bald, wirst Du sie alle auswendig können.
Worauf wartest Du noch? Was wünschst Du dir von deinem Leben?

Kleiner Tipp:

Benutze bei der Formulierung keine negativen Wörter, wie z.B. *keine* oder *nicht*. Schreibe deine Sätze in der Gegenwart.

Falsch: Ich möchte in Zukunft keine Angst mehr haben.
Richtig: Ich bin furchtlos und stark.
Falsch: Ich möchte nicht pessimistisch sein.
Richtig: Ich bin optimistisch und voller Vertrauen.
Falsch: Ich möchte keine Geldsorgen mehr haben.
Richtig: Ich bin reich und finanziell unabhängig.

Es ist egal, ob Du dir deine Affirmationen im Badezimmer vor dem Spiegel aufsagst, oder bei einem Spaziergang. Du kannst sie Dir auch während dem Duschen, dem Autofahren oder beim Kochen aufsagen. Wichtig ist nur, *dass Du es tust*. Und das am besten täglich. Vielleicht machst Du es zu einer festen Uhrzeit, so wie eine Art Ritual.

Das Geheimnis ist, dass Du daran glaubst und es wirklich fühlst, was Du dir selbst sagst. Rede mit Dir selbst, als wärst Du die Liebe deines Lebens. Wertschätzend. Ehrlich.
Erschaffe Dir deine neue Wirklichkeit mit deinen neuen positiven Gedanken. Jetzt!

Affirmationen zum Thema „Kinderwunsch“:

- *Mein Schwangerschaftstest ist positiv.*
- *Ich bin schwanger und dankbar.*
- *Ich bin bereit für mein Baby.*
- *Ich bin eine wundervolle Mutter.*
- *Ich bin voller Liebe und Vorfreude.*
- *Ich liebe mein Baby.*
- *Ich bin dankbar für das Wunder unter meinem Herzen.*
- *Ich habe mein Wunschkind verdient.*
- *Ich bin fruchtbar.*
- *Ich bin gesund und glücklich.*

Deine eigenen Affirmationen:

„Glücklich sein“ ist deine neue Priorität

Du bist wunderschön, wenn Du glücklich bist.

Liebes, wenn Du momentan sehr unglücklich bist, weil Du noch nicht schwanger bist, dann ist das nicht schlimm. Es ist völlig in Ordnung. Jeder hat das Recht, auch mal traurig und verletzt zu sein. Du darfst deine negativen Gefühle zulassen, ja Du sollst sie sogar zulassen und Dich ihnen auch mal hingeben, damit Du dich mit ihnen auseinander setzen kannst. Wichtig ist dabei, dass Du dir bewusst bist, dass es nur eine Episode in deinem Leben ist, eine *Traurigkeits-Phase*. Sieh' es bitte nicht als Dauerzustand an. Aber erst, wenn Du dich mit ihnen befasst hast, kannst Du sie verarbeiten und loslassen. Wenn Du deine Gefühle verdrängst oder ignorierst, dann werden sie immer und immer wieder auftauchen und bei Dir anklopfen. Du wirst nie Ruhe finden.

Lasse sie zu, dann lasse sie los.

Erlaube ihnen, für eine kurze Zeit in deinem Leben zu verweilen, begreife, warum sie da sind und dann lässt Du sie weiterziehen. Sie haben ihren Dienst getan. Wenn sie hartnäckig sind, dann bestimmst Du! Du drehst dich um und gehst einfach weiter. Denk' Dir einfach, dass Du aufstehst und den negativen *Gefühlsraum* einfach durch eine Tür verlässt. Du schließt die Tür und öffnest eine neue Tür. Die Tür zur Freiheit. Die Tür zum Glück. Die Tür des *positiven Denkens*. Du hast die Wahl. Du entscheidest. Du selbst kannst die Richtung ändern. Bleibst Du in dem Raum mit den negativen Gefühlen auf der Couch sitzen oder nimmst Du deine Veränderung in die Hand? Ich möchte Dir dabei helfen, dass Du dich wieder glücklich fühlst. Dein Wunsch nach deinem Baby soll hierbei dein Antrieb sein.

Werde wieder glücklich für dein Baby.

Hier eine kleine Übung für Dich:

Stelle Dir einen Moment lang vor, Du könntest deine Mutter sehen, aber sie Dich nicht. Als wärst du unsichtbar. Du kannst deine Mutter beobachten und siehst, wie es ihr geht. Du siehst, dass es ihr schlecht geht. Sie weint und ist verzweifelt. Wie würde es Dir damit gehen? Was fühlst Du jetzt? Dir würde es sehr wahrscheinlich schlecht gehen, oder? Du würdest darunter leiden, dass es deiner Mama nicht gut geht. Vielleicht könntest Du den Anblick auch gar nicht ertragen. Schließlich willst Du ja, dass es ihr gut geht und sie glücklich ist.

Jetzt stelle Dir einen Moment lang vor, dein ungeborenes Kind wartet im Universum und kann Dich sehen und beobachten. Bist Du zufrieden damit, was dein Kind sehen würde? Überlege mal.
Dein Kind möchte Dich glücklich sehen. Genauso, wie Du deine Mama glücklich sehen willst.
Wenn Du jetzt nur verzweifelt und traurig bist, dann strahlst Du das aus, wie ein Spiegel. Mama und Kind sind immer miteinander verbunden, ganz egal ob es hier auf Erden ist oder im Himmel. Ob es schon geboren wurde oder (noch) nicht. Alles ist Energie. Dein Baby sieht und spürt also deine Traurigkeit. Vielleicht ist das der Grund, warum es sich noch nicht hier her auf die Erde getraut hat. Zu Dir. Zu seiner Mami. Vielleicht hat es Angst. Vielleicht kann es damit nicht umgehen, wenn Du so leidest. Es kann Dir ja nicht helfen. Erinnere Dich nochmal, wie es Dir gehen würde, wenn Du deine Mama traurig und leidend erlebst.
Verstehst Du, was ich Dir damit sagen will?

Wenn Du glücklich bist und dein Leben genießt, dann spürt das dein Kind und freut sich. Dann fühlt es sich sicher und weiß, dass alles gut ist. Wenn es Dir nur schlecht geht während dem Kinderwunsch, dann verunsicherst Du damit deinen kleinen Schatz. Dein Baby ist bereit, Du musst ihm nur die richtigen Gefühle senden.

Ich kenne das Gefühl und den inneren Druck der aufkommt, wenn man „mal wieder“ einen negativen Schwangerschaftstest in den Händen hält. Glaube mir, ich habe ungelogen bestimmt über 100 Schwangerschaftstests verbraten. Man möchte es gar nicht so an sich ranlassen. Aber dennoch fühlt man die Traurigkeit und den Schmerz. Die Leere im Herzen. Die aufkeimende Wut auf seinen Körper. Den Neid, anderen Schwangeren gegenüber, den man eigentlich gar nicht empfinden oder zulassen möchte. Und all' deine inneren, angestauten Gefühle, bekommt auch dein ungeborenes Baby im Universum mit.
Jetzt überlege mal, welche Message Du damit deinem kleinen Schatz sendest: *„Los, komm' endlich. Mach' dich doch endlich auf den Weg. Was mache ich denn nur falsch*?“
Und jetzt mal ehrlich: Möchtest Du, dass jemand so mit Dir redet? Oder Dir so ein Gefühl gibt?
Versuche deinen Fokus darauf zu lenken, glücklich zu sein.
Sende wieder Liebe und Freude aus und diese Gefühle strahlen zu deinem Baby. Lasse deinem Baby die Freiheit, selbst zu entscheiden, wann es sich richtig anfühlt, bei Dir „einzuziehen“. Deine Aufgabe ist, glücklich zu sein. Mehr nicht. Ich weiß, sowas lässt sich leicht sagen und schreiben.
Aber deshalb bin ich hier und habe dieses Buch geschrieben. Für Dich. Und ich helfe Dir.

Man liest und hört so oft, dass Frauen mit sehr langem Kinderwunsch plötzlich schwanger geworden sind, wenn sie mit ihrem Partner mal für ein paar Wochen im Urlaub waren. Woran könnte das liegen?

Meiner Meinung nach liegt es nicht daran, dass sie im Urlaub weniger Stress hatten und mal entspannt waren.
Es liegt eher daran, dass sie für einen Moment die Traurigkeit vergessen hatten und für ein kleines Zeitfenster *glücklich* waren. Und durch das *glücklich sein* wieder *frei* waren. *Frei zu empfangen.*

Ist Dir mal aufgefallen, dass sobald Du wahrhaftig glücklich bist und Liebe spürst, Du immer mehr entdeckst, was Dich glücklich macht und Dich zum Lächeln bringt? Sei es eine liebevolle Nachricht von deinem Partner. Dein Lieblingslied läuft im Radio. Deine Lieblingsschokolade ist im Angebot.
Das Leben möchte Dich glücklich sehen.
Du bist doch nicht geboren, um unglücklich zu sein.

Die meisten Frauen sind aber so in der negativen Gefühlspirale gefangen, dass sie all' das Schöne nicht mehr wahrnehmen. Und so vergeht Zyklus für Zyklus. Du musst die Liebe in deinem Leben wieder neu entdecken. Damit es Dir gut geht und Du glücklich bist. Wenn Du glücklich bist, dann ist es dein Baby auch. Und dann kannst Du empfangen. Sei voller Vorfreude auf deinen kleinen Schatz. Sende deinem Baby glückliche Gefühle und Du wirst es damit anziehen. Vertraue darauf.

‚Glücklich werden' Schritt für Schritt:

Nimm' Dir einen Stift zur Hand und notiere hier 10 Gründe die Dir sofort in den Sinn kommen, für die Du dankbar bist oder die Dich glücklich machen. Ganz wichtig: Schreibe auch auf, *warum* Dich diese Dinge glücklich oder dankbar machen. Beispiel:
Ich bin dankbar für meine süße Katze, weil sie mir jeden Tag ein Lächeln ins Gesicht zaubert. Es macht mich glücklich, dass meine Lieblingsserie jeden Mittwoch im Fernsehen läuft, weil sie mich

ablenkt und mir gut tut.
Es ist ganz egal, wie klein oder verrückt die Dinge sind, die Du aufzählst. Wichtig ist, dass sie Dir ein gutes Gefühl geben und Dich erfüllen.
Das zählt. Diese Aufgabe soll Dir dabei helfen, die kleinen verborgenen Schätze in deinem Leben wahrzunehmen. Sie soll Dir bewusst machen, dass es eine Menge Dinge in deinem Leben gibt, die gut sind und Dich glücklich machen. Du musst Dich nur daran erinnern.

Und vor allem: Dankbarkeit ist ein Multiplikator. Je mehr Dankbarkeit Du in deinem Leben empfindest, desto mehr Dinge wirst Du anziehen, für die Du dankbar sein kannst. Das ist ein Gesetz. Der Sinn deines Lebens ist es, glücklich zu sein. Glücklich wirst Du, wenn Du dankbar bist. Öffne deine Augen und zähle alles auf, für das Du dankbar bist. Probiere es aus.

Glücksmomente sammeln:

Besorge Dir einen Behälter (z.B. ein großes Vorratsglas, eine hübsche Dose oder eine Schachtel) und schreibe jeden Morgen drei Dinge auf drei kleine Zettel, die Dich glücklich machen oder für die Du dankbar bist. Und diese Zettel sammelst Du. Du kannst dein Glücks-Behältnis dann zum Beispiel jeden Sonntag leeren und sehen, wie viele großartige Dinge es in deiner Woche gegeben hat, die Dich glücklich / dankbar gemacht haben.
Das kannst Du machen wie Du möchtest. Du kannst Dir deine Glückszettel auch immer dann durchlesen, wenn Du traurig bist. Oder Du sammelst sie ein Jahr lang und öffnest alle Zettelchen an Silvester und startest dankbar und glücklich ins neue Jahr. Deiner Fantasie sind keine Grenzen gesetzt. *Im kleinen Glück liegt die größte Schönheit. Sehe Dich ab sofort als Glück-Sammlerin deiner Glücksmomente.*

Setze deine Glücksbrille auf:

Du kennst doch bestimmt die berühmte *„rosarote Brille"*. Die, die alle Verliebten am Anfang ihrer Beziehung tragen. Man trägt die rosarote Brille und geht glücklich und unbeschwert durchs Leben. Man ist frisch verliebt und alles wirkt so viel schöner und toller. Probleme gibt es sozusagen nicht. Und jetzt kommen wir zu deiner Glücksbrille. Stelle Dir vor, Du würdest morgens nach dem Aufstehen deine imaginäre Glücksbrille aufsetzen. Diese Brille ist sozusagen dein Schutzschild. Alles Negative prallt heute an Dir ab. Du bist stark und glücklich und nichts Negatives kann Dir etwas anhaben. Du gehst heute mit Leichtigkeit durch den Tag und bist glücklich. Versuche es mal. Und erinnere Dich immer wieder selbst daran: *„Heute geht es mir gut. Ich bin glücklich. Ich trage meine Glücksbrille."*

Der Glücksbrief:

Bitte schreibe einen Brief an Dich selbst. An dein Ich. An deine Seele. Schreibe eine ganze Seite voll, warum Du stolz auf Dich selbst bist. Zähle alles auf, was Du schon geschafft hast. Schreibe so wertschätzend und mitfühlend, als würdest Du an deine beste Freundin schreiben. Lobe Dich. Schreibe, was Du an Dir liebst. *Schreibe auf, was Du deinem Ich wünschst.*

Danach klebst Du den Brief zu und schreibst das aktuelle Datum drauf. Ein Jahr später öffnest Du ihn wieder und liest deinen Liebesbrief an Dich selbst. Du wirst stolz sein und deine Entwicklung sehen. Du wirst sehen, welche Wünsche in Erfüllung gegangen sind.

Der Glücksmagnet:

Gehe los und besorge Dir etwas, das Du mit deinem Baby verbindest. Zum Beispiel einen schönen Schnuller. Vielleicht auch eine Schnullerkette. Vielleicht hast Du auch schon einen Kosenamen für dein zukünftiges Baby (z.B. Krümel). Dann schreibe diesen mit deiner Lieblingsfarbe auf einen kleinen Zettel. Es kann auch ein Stein oder ein Bild sein. Ganz egal. Es sollte nur etwas sein, bei dem Du an dein Baby denken musst. Das, was Du mit deinem Baby verbindest, ist ab jetzt dein Glücksmagnet. Zum einen soll es Dich daran erinnern, glücklich zu sein. Zum anderen soll es Glück in dein Leben ziehen. Von nun an trägst Du deinen Glücksmagnet (in meinem Fall war es ein Schnuller, den ich mir beim Fahren ins Auto gehängt habe) mit Dir herum. Und immer wenn Du ihn siehst und berührst machst Du dir bewusst, dass das dein Glücksmagnet ist und dass das Glück auf jeden Fall zu Dir kommen *muss*. Dein Glücksmagnet soll Dich immer daran erinnern, zu träumen, zu wünschen, zu hoffen und zu vertrauen.

Das macht mich glücklich / Dafür bin ich dankbar:

1. ____________________

2. ____________________

3. ____________________

4. ____________________

5. ____________________

6. ____________________

7. ____________________

8. ____________________

9. ____________________

10. ____________________

Klebe hier ein Foto von Dir hin, auf dem Du glücklich bist.

Schaue Dir dieses Bild jeden Tag an. Es soll dich daran erinnern, glücklich zu sein. Am besten druckst Du es nochmal aus und hängst es an deinen Spiegel oder legst es auf deinen Nachttisch.

Foto

Dein Leben – deine Entscheidung

Stelle Dir dein ganzes Leben als große Leinwand vor. Jeden Tag stehst Du dicht vor ihr und malst darauf los. Deine Gefühle bestimmen die Farben auf deinem Bild. Erst kurz vor deinem Tod darfst Du das gesamte Gemälde betrachten. Dein Gemälde in voller Pracht. Dein Leben. Wird es bunt sein, mit fröhlichen Farben? Oder wird es eher dunkel und grau sein?

Du entscheidest jeden Tag aufs Neue, mit welchen Farben du malst. Jeder neue Tag beginnt mit einem Pinsel in deiner Hand.

Du entscheidest jeden Tag, wie Du dich fühlst oder wie Du auf etwas reagierst. Nur Du. Nur Du hast die Macht über deine Gefühle in deinem Leben. „Glücklich sein" ist eine bewusste Entscheidung. Du musst Dich nicht unglücklich fühlen, wenn Du es nicht möchtest.

Du möchtest am Ende deiner Tage doch stolz sein auf dein Gemälde. Auf dein Leben.

Vielleicht ist es jetzt an der Zeit, über deine Prioritäten und Ziele nachzudenken. Schreibe auf, was Du wirklich willst.

Notiz:

Dein „*Inneres Kind*“

Verbessere deine Beziehung zu Dir selbst, in dem Du deinem *Inneren Kind* auf Augenhöhe begegnest.
Ganz tief in Dir drin schlummert dein *Inneres Kind*. Dein „Ich“, bzw. dein Unterbewusstsein aus der Kindheit. In deinem *Inneren Kind* sind alle Bilder, Gefühle, Erfahrungen und Erinnerungen aus deinen Kindheitstagen gespeichert. Positive, wie negative.

Dein *Inneres Kind* ist immer präsent und spiegelt sich in deiner Persönlichkeit wider.
Wenn Du in deiner Kindheit viel Liebe und Zuwendung erfahren hast und Du dein heutiges *Inneres Kind* annimmst (= Du auf deine Bedürfnisse achtest), dann reagierst Du heute im Erwachsenenalter eher mit Freude, Neugierde, Gelassenheit, Spontanität und Verantwortungsbewusstsein.
Wenn Du in deiner Kindheit einen Mangel an Liebe und Zuwendung erfahren hast und Du dein heutiges *Inneres Kind* ablehnst, dann reagierst Du heute im Erwachsenenalter eher mit Angst, Traurigkeit, Überforderung, Frustration und geringem Selbstbewusstsein.

Oftmals hat man in seiner Kindheit negative Gefühle unterdrückt oder schlimme Erfahrungen (z.B. ein Trauma) durch einen Schutzmechanismus der Psyche verdrängt, weil sie einen als Kind emotional überfordert haben. Diese Gefühle und Erfahrungen sind dann ins Unterbewusstsein gewandert.
Das Problem ist, dass man diese unangenehmen Gefühle im Erwachsenenalter immer und immer wieder durchlebt und mit ihnen konfrontiert wird, bis man sie an der *Wurzel packt*, um sie zu analysieren, zu verstehen und anzunehmen.

Jedes Kind (auch dein *Inneres Kind*!) sehnt sich nach Geborgenheit, Sicherheit und natürlich nach bedingungsloser Liebe.

Jedes Kind möchte *gesehen* werden.
Wurdest Du als Kind gesehen?

Du kannst deinem *Inneren Kind* auch jetzt, wo Du erwachsen bist, Liebe und Zuspruch schenken.

Die Arbeit mit dem *Inneren Kind* führt zu mehr Selbstakzeptanz und zu mehr Selbstliebe. Wenn Du deinem *Inneren Kind* wahrhaftig zuhörst, vermittelst Du ihm das Gefühl, wichtig zu sein und endlich gehört zu werden. Du schenkst Dir selbst damit Wertschätzung. Dadurch kannst Du deine Gefühle in Zukunft besser annehmen und ausleben.
Jetzt hast Du die Möglichkeit, deinem *Inneren Kind* zu helfen und ihm den emotionalen Beistand zu geben, der in bestimmten Situationen deiner Kindheit gefehlt haben. Weil solange Du dein *Inneres Kind* ignorierst, wird es immer wieder die Kontrolle übernehmen und dein Denken und Verhalten steuern. Jetzt ist die Zeit gekommen:
Kümmere Dich liebevoll um dein *Inneres Kind*.

Wenn dein *Inneres Kind* wieder glücklich ist, kannst Du auch in deinem heutigen Sein glücklich sein.

Baue eine Verbindung zu deinem *Inneren Kind* auf:

- Stelle Dir vor, Du sitzt mit deinem früheren Kindheits-Ich auf einer Parkbank oder einer Picknickdecke und Du legst den Arm um die Schultern deines *Inneren Kindes*: Was würdest Du dir selbst sagen, wenn Du dich selbst als kleines Kind wiedersiehst?
Lobe dein *Inneres Kind*. Sage, dass Du stolz bist. Sei feinfühlig.

- Schaue Dir alte Fotos, Videos oder Gemälde aus deiner Kindheit an und nehme deine aufkeimenden Gefühle bewusst wahr.
Warst Du glücklich? Warst Du unglücklich als Kind? Wenn ja, dann nehme diese Gefühle ernst, nehme sie an und sage Dir selbst etwas Tröstendes.

- Schreibe einen Brief an dein *Inneres Kind*. Was würdest Du deinem damaligen Ich sagen wollen mit deiner heutigen Erfahrung?

Wie kannst Du nun dein inneres Kind glücklich machen oder sogar heilen?

- Belohne dein Inneres Kind. Was hätte Dich als Kind glücklich gemacht?
Wenn Du zum Beispiel gerne Höhlen gebaut hast und Dich darin sicher und geborgen gefühlt hast, dann baue Dir zu Hause eine Höhle und lege Dich rein. Ich weiß, vielleicht erscheint Dir das zuerst etwas seltsam, aber es wird Dir sicherlich Spaß machen. Was hast Du in der Höhle damals gemacht? Geschichten gehört? Dann höre ein Hörspiel und sei nochmal Kind. Welches Lieblingsgericht erinnert Dich an deine Kindheit? Koche es nach. Versuche, so viele Dinge die Dich als Kind glücklich gemacht haben, zu wiederholen und zu genießen.

- Gehe in deiner Erinnerung gemeinsam mit deinem *Inneren Kind* an der Hand zu den Situationen in deiner Kindheit, in denen Du dich alleine gefühlt hast oder welche Dir negative Gefühle/Erfahrungen beschert haben. Halte in deiner Vorstellung die Hand ganz fest und signalisiere: *„Du bist nicht allein!“*. Gebe den Gefühlen die Berechtigung, da zu sein. Du musst sie nicht bewerten und auch bitte nicht verdrängen. Du erlaubst ihnen, da zu sein. Erst dann kannst Du sie annehmen, akzeptieren und spüren, wie die „Fesseln“ sich lösen.

Die Selbstliebe

Je mehr Du dich selbst liebst, desto mehr Liebe ziehst Du von außen an. Du musst Liebe empfinden, um Liebe zu empfangen.
Vollkommene Selbstliebe erreichst Du nur mit vollkommener Selbstakzeptanz. Liebe Dich selbst so bedingungslos, wie Du dein eigenes Kind lieben würdest.
Stelle Dir deinen Körper als Geschenk vor. (Wie gehst Du mit Geschenken um? Wertschätzend. Mit Achtsamkeit. Erinnere Dich selbst immer wieder daran: *„Mein Körper ist ein Geschenk“*.)
Schreibe nun fünf Eigenschaften oder Dinge auf, die Du an dir liebst.
(z.B. Ich liebe meine wunderschönen blauen Augen. Ich liebe meine Loyalität.)

1. ____

2. ____

3. ____

4. ____

5. ____

Steigere deinen Selbstwert

Es ist wichtig, dass Du dir bewusst bist, dass Du ein wertvoller Mensch bist und nur das Beste verdient hast. Aber wie wird man sich seinem Wert bewusst? Wie gelangt man zu einem stärkeren Selbstbewusstsein? In dem Du dir selbst sagst, was Du verdient hast. Benenne es klar und deutlich.
(Zum Beispiel: Ich verdiene es, geliebt zu werden. Ich verdiene es, mit Respekt behandelt zu werden.) Wenn Du weißt, was Du verdient hast und Du deinen Wert kennst, verinnerlichst Du dies und programmierst damit dein Unterbewusstsein. Die Folge ist ein starkes Selbstvertrauen und eine enorme Ausstrahlung.

Ich verdiene es, ...

positive mind.
positive vibes.
positive life.

Auf leisen Sohlen

So zart meine kleinen Füßchen sind,
über die Wolken tapsen ganz geschwind.
Ein schneller Blick zu Dir auf Erden,
Du wirst meine Mami werden.

Ich liebe die Freude und das Licht,
meine reine Liebe strahlt in dein Gesicht.
Ich bin verspielt und mag es bunt,
die Melodie deines Herzens summt aus meinen Mund.

Du bist die schönste Mami hier für mich,
ich möchte keine andere als Dich.
Ich beobachte Dich schon eine ganze Zeit,
ich spüre, Du bist jetzt bald soweit.

Du bist glücklich und vollkommen,
ich fühle mich in deinem Leben sehr willkommen.
Der Schlüssel ist dein Vertrauen in mein Sein,
nicht mehr lange Mami – dann bin ich ganz dein'.

Ich bin bereit für meine Reise,
zu Dir Mami – ich schleiche mich an – ganz leise.
Ich freue mich auf deine Nähe,
und unseren Weg, den ich gemeinsam mit Dir gehe.

Meine Liebe zu Dir ist grenzenlos.

... aus der Sicht einer Kinderseele ...

Ein Kind, oder besser gesagt die Kinderseele sucht sich seine Eltern schon lange aus, bevor es überhaupt geplant, gezeugt oder empfangen wurde. Die Kinderseele existiert im Universum, in der geistigen Welt. Also im Himmel. Sobald die Energie der Eltern mit der Energie des Kindes *kompatibel* ist, das heißt, dass die Energien auf der *gleichen Frequenz schwingen*, finden sie zueinander.
Deshalb der Spruch: „Alles kommt zur richtigen Zeit."
Die meisten verstehen den Spruch erst im Nachhinein.
Die Menschen sind so verbissen in dem Geschehen, dass sie „den Wald vor lauter Bäumen nicht sehen".
Was möchte uns das Leben damit sagen, wenn etwas sehr lange nicht funktioniert, also nicht klappt. Nicht in Erfüllung geht.
Du musst deine Energie verändern.
Kennst Du den Spruch: „Änderst Du dich, dann ändert sich alles?"

Schließe deine Augen und stelle Dir ein kleines Kind vor.
Ich stelle mir immer vor, wie ein kleines Mädchen in einem weißen Kleidchen im Sommer über eine Wiese rennt und überall Seifenblasen umher fliegen.

Ein kleines Kind ist lebensfroh, munter und glücklich.
Es liebt die bunte Welt, die Freude und die Leichtigkeit.
Ein kleines Kind kennt keine Probleme. Es möchte einfach Spaß haben und das Leben genießen. Ein Kind singt, lacht und erfreut sich am Leben. Ein kleines Kind lebt den Moment, weil es die Zukunft gar nicht kennt.

Der Schlüssel ist: Du musst wieder Kind sein, bzw. Dich wie ein Kind fühlen. (= die gleiche Energie erzeugen.)
Freunde Dich mit deiner Kinderseele an, in dem Du mit ihr redest.
Vertraue mir, sobald Du sie ansprichst, hört sie Dir zu.
Versuche, wieder glücklich und lebensfroh zu werden.
Lache aus vollem Herzen und erfreue Dich an der Gegenwart.

Übung: Lade dein Baby ein

Schreibe ein paar liebe Zeilen an dein Baby, wie sehr Du dich auf deinen kleinen Liebling freust und wie sehr Du es willkommen heißt in deinem Leben. Mit dieser Übung kannst Du eine Verbindung zu deinem Baby aufbauen. Sende deinem Baby Vertrauen und Liebe.

Wenn dich ein Mensch berührt,
ohne dich anzufassen,
dann hat er dich auf tiefster Ebene
mit dem Herzen
angesprochen.

Übung: Verbinde Dich mit der Kinderseele

Gehe draußen an einen Ort, an dem Du dich sehr wohl fühlst. (Das kann dein eigener Garten sein, aber auch eine bestimmte Stelle im Wald.) Stelle Dich hin, schieße deine Augen und atme drei Mal tief ein und aus. Spüre den festen Boden unter Dir. Stelle Dir in deiner Fantasie vor, wie aus deinen Füßen Wurzeln ins Erdreich dringen fühle das starke Urvertrauen. In Gedanken streckst Du nun deine Arme in die Luft zum Himmel und stellst Dir vor, wie Du die Wolken kitzeln kannst. Bei jedem weiteren Einatmen werden deine Wurzeln im Boden noch stärker und bei jedem weiteren Ausatmen gelangen deine Hände immer weiter ins Universum.

In deiner Fantasie siehst Du nun die schönsten Farben und schickst diese in den Himmel zu deiner Kinderseele. Versuche, so viele helle und fröhlich stimmende Farben auszustrahlen, damit dein Baby sie sehen und sich daran erfreuen kann. Wenn Dir danach ist, kannst Du auch gerne etwas laut aussprechen. Etwas, dass Dir auf der Seele liegt.

Bedanke Dich aus tiefstem Herzen dafür, dass dein Baby da ist und Dir zuhört. Spüre die Wärme der Dankbarkeit in deinem Brustkorb und die immer stärker werdende Verbindung zwischen Dir, der Erde, dem Himmel und der Kinderseele. Vielleicht kannst Du auch das Kitzeln deines Kindes auf deiner Haut spüren. Strecke deinem Baby die Hand entgegen.

Du bist voller Liebe für dein Kind und strahlst diese ehrliche Liebe voller Intensität aus. Du leuchtest und ziehst damit die Aufmerksamkeit deines Kindes auf Dich.

Du wirst spüren, wann Du wieder bereit bist, deine Augen zu öffnen und Dich von den Wurzeln zu lösen. Vielleicht fühlst Du dich auch befreit, weil Du deinem kleinen Liebling einige wichtige Dinge zuflüstern konntest.

Glaube mir, dein Baby hat Dich wahrgenommen und gehört.

Unsere Seelen begegnen sich,
sobald wir uns berühren.
Meine
Liebe für Dich
findet Ausdruck
in meinem Herzschlag
und in dem Lächeln auf meinem
Gesicht.

Meine praktischen Tipps für Dich

Orgasmus nach dem Sex

Ein Orgasmus verbessert die Chancen auf eine Empfängnis enorm. **Durch die rhythmischen Muskelkontraktionen in der Vagina während eines Orgasmus, werden die Spermien von der Gebärmutter angezogen. Das passiert, weil sich beim Höhepunkt der Muttermund senkt und die Spermien dadurch „angesaugt" werden. Diese sind somit schneller am Eileiter.** Ohne diese „Sogwirkung" durch einen Orgasmus müssen die Spermien erstmal durch den Gebärmutterhals schwimmen, um zur Gebärmutter und schlussendlich zum Eileiter zu gelangen.

Moment. Bevor Du dir jetzt innerlich Druck machst, dass Du zwingend während dem Geschlechtsverkehr mit deinem Partner *kommen musst*, kann ich Dich jetzt schon mal beruhigen und Dir den Wind aus den Segeln nehmen. Keine Panik. Du kannst Dich beim Sex entspannen und ihn genießen. Wenn Du kommst, ist es wunderschön. Wenn nicht, ist das auch nicht schlimm.

Es reicht vollkommen, wenn Du nach dem Sex einen Orgasmus hast. Dann, wenn die Spermien schon in Dir drin sind. Entweder kann dein Mann nachträglich gerne nochmal „Hand anlegen" und deine Klitoris stimulieren, aber Du kannst dich auch gerne selbst nochmal verwöhnen. Ich rate Dir allerdings zu einem klitoralen Orgasmus. Also einen Orgasmus, den du außerhalb der Vagina über deine Klitoris erreichst. Es gibt nämlich auch den vaginalen Orgasmus über den G-Punkt, welcher sich in deiner Scheide befindet. Aber in deiner Vagina befinden sich ja zu diesem Zeitpunkt die wertvollen Spermien.

Kleiner Tipp:

Wenn Du nur schwer über die Klitoris zu einem Höhepunkt gelangst oder Du generell nicht so recht weißt, wie Du das mit deinen Fingern anstellen sollst oder dein Partner nach dem Sex keine Lust mehr hat,

verrate ich Dir ein kleines Geheimnis, was Dir vielleicht helfen kann: Nimm' Dir ein Wattestäbchen und halte eine Seite davon unter lauwarmes Wasser. Danach legst Du dich breitbeinig hin und berührst ganz sanft mit der nassen Seite des Wattestäbchens deine Klitoris und machst kreisende Bewegungen. Schließe deine Augen und entspanne Dich. Beginne in deinem Kopf eine erotische Fantasie. Das Feuchte, was Du fühlst, könnte zum Beispiel die Zungenspitze deines Partners sein, wie er Dich oral befriedigt. Deiner Fantasie sind keine Grenzen gesetzt. Du kannst den Druck des Wattestäbchens natürlich nach deinem Belieben intensivieren. Ein Orgasmus mit dieser Variante klappt deshalb so gut, weil es etwas „fremdes" und feuchtes ist und nicht der eigene Finger. Man kann sich einer eigenen Fantasie nun besser hingeben.
Ich wünsche Dir gutes Gelingen.

Die Vorteile der Gravitationskraft

Nach dem Sex in der fruchtbaren Phase hatte ich mir immer gedacht: *„So, dann lassen wir mal die Erdanziehungskraft für uns arbeiten und schwingen die Beine nach oben."*
Zum Glück hatten wir in einer Dachgeschosswohnung gelebt und ich hatte die schräge Decke im Schlafzimmer dafür genutzt, meine Füße daran zu stemmen.

Das heißt dann für Dich: **Nach dem Sex die Beine hoch in die Luft strecken, wie bei einer „Kerze" oder bei einem Handstand. Mit dieser Methode sollen die Spermien schneller in die Gebärmutter gelangen.**

Falls Du aber nach dem Sex dafür keine Kraft mehr haben solltest, dann positioniere zwei Kissen unter deinen Po, damit er höher liegt und stütze die Beine nach oben gestreckt an einer Wand ab. Ich hatte dann immer den Beckenboden noch mehrfach hintereinander angespannt und wieder gelockert. Ich dachte, das würde nicht schaden. Insgesamt bin ich dann immer ungefähr 15 Minuten mit dem Po und den Beinen nach oben liegen geblieben.
Mit dieser Methode bin ich drei Mal schwanger geworden.

Übernachtungsgäste

Ich habe versucht, das Sperma nach dem Sex so lange in mir zu halten wie möglich. Durch die Vorarbeit mit der „Kerze" hat es zum Glück auch lange gedauert, bis es wieder herausgelaufen ist. **Am besten ist es aber, wenn Du damit einschläfst und es über Nacht *wirken* kann.** Da ich aber anfällig für Blasenentzündungen bin, war mein Partner so lieb und hat mir nach dem Sex immer einen sehr nassen Waschlappen gebracht, mit dem ich mich dann untenrum vorsorglich abgewaschen habe. Das hat dann super geklappt.

Falls Du aber keine Zeit hast, lange liegen zu bleiben und Du aufstehen musst, dann versuche, so oft es geht, den Beckenbodenmuskel so lange und stark anzuspannen, wie es für Dich möglich ist.

Denk' Dir einfach, Du müsstest das Sperma mit aller Gewalt am Herausfließen hindern.

Jede Minute zählt.

Lege Dir zur Sicherheit eine Slipeinlage oder eine Lage Toilettenpapier in deinen Slip. Versuche Dich in den nächsten 1-2 Stunden nicht zu bücken, nichts Schweres zu heben und am besten auch kein ‚großes Geschäft' zu verrichten. Das alles begünstigt nämlich das Herausfließen. Ich spreche aus Erfahrung. ;)

Beobachte deinen Zervixschleim

Kennen wir ihn nicht alle, unseren treuen Begleiter, der uns zuverlässig Monat für Monat zur Seite steht? Darf ich vorstellen, der **Zervixschleim**. Für andere auch bekannt als *„Ausfluss"*. Du kennst ihn sicher auch, oder?

Wie er sich immer zu den günstigsten Zeiten aus dem Hinterhalt herausschleicht und Dir ein sehr angenehmes Gefühl in deinem Slip beschert, am besten dann, wenn Du an der Kasse im Supermarkt stehst. Oder am besten, wenn Du frisch geduscht bist, gerade einen neuen Slip angezogen hast und durch deine Wohnung läufst und du nur noch spürst, wie es schön feucht und warm in der Hose wird. Wundervoll.

Ironie aus.

Ich verfluche diese Situationen auch heute noch jedes Mal.

Ich finde dieses feuchte, glibbrige oder manchmal auch nasse Gefühl ehrlich gesagt äußerst unangenehm. Klar, wer auch nicht. Aber es gab wirklich schon Tage, da habe ich einen Tampon benutzt, um den Ausfluss aufzufangen. Ja ich weiß, das ist nicht gesund. Ich werde mit Slipeinlagen einfach nicht warm. Ich merke, ich schweife ab.

Was ich Dir eigentlich sagen möchte: Der Zervixschleim ist goldwert, wenn es darum geht, deine fruchtbaren Tage zu bestimmen.

Wie am Anfang des Buches schon erwähnt, habe ich mich in der ersten Zeit meines Kinderwunsches an einem Zykluskalender wegen meines Eisprungs orientiert. Da musste ich dann eingeben, wie lange mein Zyklus ist (28 Tage) und schwupps wurde ausgerechnet, wann mein Eisprung wäre. Das habe ich natürlich auch geglaubt und mich danach gerichtet. Nach ein paar Zyklen fing ich dann an, Ovulationstests zu machen. Sicher ist sicher. Und da ist mir aufgefallen, dass mein Eisprung nie an dem Tag war, den mir der Zykluskalender ausgerechnet hatte.

Ich wollte unbedingt herausfinden, wie ich selbst herausfinden kann, wann mein Eisprung ist, ohne mehrmals im Monat auf ein Stäbchen zu pinkeln.

Ich bin beim Recherchieren im Internet auf die **Billings-Methode** gestoßen.
Diese Methode ist eine Form der natürlichen Familienplanung, bei der Du die Beschaffenheit und Konsistenz deines Zervixschleims prüfst.
Dein Zervixschleim ändert sich im Laufe deines Zyklus und gibt dir Aufschluss darüber, wann Du besonders fruchtbar bist, bzw. wann dein Eisprung kurz bevorsteht.
Um das herauszufinden musst Du ihn beobachten und „auswerten".
Es hört sich komplizierter an, als es ist.
Aber es ist wirklich einfach. Wenn Du deinen Ausfluss mal zwei Monate bewusst wahrnimmst, dann wirst Du sehr schnell die Unterschiede kennenlernen.
Mit dieser Methode lernst Du deine Zyklus und deinen Körper sehr gut kennen.

Viele Menschen nutzen die **Billings-Methode** auch zur Empfängnisverhütung. Allerdings muss man dann wirklich *täglich* sehr genau auf seinen Schleim achten und dessen Menge, Konsistenz, Farbe und Spinnbarkeit dokumentieren.
Die Schleimhautdrüsen des Gebärmutterhalses produzieren den Zervixschleim. Dieser befindet sich dann entweder am Scheideneingang oder am Muttermund. Manchmal läuft er aber heraus, z.B. auch beim verrichten des „großen Geschäftes" auf der Toilette.
Du entnimmst also entweder etwas Schleim vom Scheideneingang/Muttermund, oder Du putzt deine Scheide ab und schaust, ob etwas Toilettenpapier hängt. Bei mir war das dann meistens der Fall. Du nimmst den Schleim zwischen Daumen und Zeigefinder, (oder zwischen 2 Lagen Toilettenpapier, wenn Du ihn

nicht anfassen möchtest) verreibst ihn und ziehst nun die Finger auseinander, um die *Spinnbarkeit* (= Dehnbarkeit) zu testen.

Je nachdem wie er sich anfühlt (z.B. flüssig, klebrig, cremig oder zäh) kannst Du nun feststellen, in welcher Phase Du dich befindest: In der fruchtbaren oder in der unfruchtbaren Phase.
Ich erkläre die natürlich alle Konsistenten, aber ich fange natürlich mit der Wichtigsten an.

Merke Dir:

Es gibt 4 Phasen: (ZS – Zervixschleim)
1. ***Die trockene Phase***: unmittelbar nach der Menstruation. ZS kaum vorhanden, es fühlt sich „trocken“ an. (unfruchtbar)
2. ***Die klebrige Phase***: ZS ist klumpig/klebrig/zäh und gelblich, es fühlt sich „feucht“ an.
3. ***Die cremige Phase***: ZS ist milchig-trüb und cremig. Es fühlt sich „feucht“ an. (fruchtbar)
4. ***Die feuchte Phase***: ZS ist flüssig-glasig und dehnbar/spinnbar. Es fühlt sich „sehr feucht“ an. (hochfruchtbar)

Am fruchtbarsten bist Du, wenn der *„glasige“* Schleim zwischen deinen Fingern sehr *spinnbar* ist. Bis zu 15 cm kannst Du den Schleim auseinander ziehen.
Er erinnert jetzt sehr an *rohes Eiweiß*.

Wenn Du mal beim Backen ein Ei getrennt hast, dann kannst Du jetzt eine große Ähnlichkeit erkennen. Dein Eisprung steht kurz bevor. Jetzt ist die perfekte Zeit, um schwanger zu werden.
Falls Du dir noch unsicher bist, ob Du deinen Schleim wirklich richtig deutest, kannst Du in den ersten Monaten zur Sicherheit einen Ovulationstest machen, um es zu überprüfen. Bei mir waren die Tests dann immer mehr als positiv. Das war für mich dann das Zeichen, dass ich nun anhand des Schleims das Zeitfenster meiner fruchtbaren

Phase bestimmen kann. Dein Scheideneingang ist zu dieser Zeit feucht. In dieser Zeit können die Spermien den Gebärmutterhals sehr gut passieren.

Nach dem Eisprung wird der Ausfluss recht schnell wieder *weiß bis hellgelb und dickflüssig*. Du bist nun wieder in der unfruchtbaren Phase.
Als nächstes kommt deine Periode.

Unmittelbar nach deiner Periode befindest Du dich auch in der unfruchtbaren Phase. Der Zervixschleim ist nun *dickflüssig* und *klumpig / zäh*. In dieser Zeit bildet der Schleim eine Art „Pfropfen“, um den Muttermund zu verschließen, damit keine Spermien in die Gebärmutter gelangen können. Der Pfropfen dient auch als Schutz vor Infektionen. Erst wenn Du kurz vorm Eisprung stehst, löst er sich wieder und wird durchlässig für die Spermien. Deshalb ist der Ausfluss beim Eisprung auch klar und flüssig. Damit es die Spermien einfacher haben.
Einige Tage vor deinem Eisprung ist dein Ausfluss *milchig-trüb* und fühlt sich *klebrig* an.
Je näher Du aber deinem Eisprung kommst, desto *klarer* und *flüssiger* wird dein Zervixschleim. Das bedeutet: Sobald dein Schleim flüssig und durchscheinend ist, haben deine fruchtbaren Tage begonnen.

Vielleicht ist diese Methode ja auch etwas für Dich. Hauptsache Du fühlst dich wohl und sicher. Einen Versuch ist es wert.

Auf den folgenden drei Seiten sind Tabellen für drei Zyklen abgebildet, in denen Du die Beschaffenheit deines Zervixschleims, deine Menstruation, sowie den Sex eintragen kannst.

Tag	1	2	3	4	5	6	7	8	9	10	11	12	13	14	15	16
ZS																
M																
S																

Tag	17	18	19	20	21	22	23	24	25	26	27	28	29	30	31	32
ZS																
M																
S																

ZS = Zervixschleim (S = spinnbar; S+ = spinnbar/eiweißartig; C = cremig; K = klebrig; T = trocken)
M = Menstruation; S = Sex

Tag	1	2	3	4	5	6	7	8	9	10	11	12	13	14	15	16
ZS																
M																
S																

Tag	17	18	19	20	21	22	23	24	25	26	27	28	29	30	31	32
ZS																
M																
S																

ZS = Zervixschleim (S = spinnbar; S+ = spinnbar/eiweißartig; C = cremig; K = klebrig; T = trocken)
M = Menstruation; S = Sex

Tag	1	2	3	4	5	6	7	8	9	10	11	12	13	14	15	16
ZS																
M																
S																

Tag	17	18	19	20	21	22	23	24	25	26	27	28	29	30	31	32
ZS																
M																
S																

ZS = Zervixschleim (S = spinnbar; S+ = spinnbar/eiweißartig; C = cremig; K = klebrig; T = trocken)
M = Menstruation; S = Sex

Mondstein-Magie

Nach meiner ersten Fehlgeburt damals war ich tieftraurig und unglücklich. Weil ich einfach nicht mit so einem plötzlichen Schmerz rechnete, der mich so unerwartet und volle Breitseite erwischte. Irgendwie auch etwas naiv von mir, kann sein. Aber als ich das erste Mal schwanger war, kam mir eine Fehlgeburt nie in den Sinn. Ich war doch gesund und jung und glücklich. Diese Fehlgeburt manövrierte mich richtig tief in die Zwangsneurosen. Ich wurde depressiv. Ich wusste, dass ich irgendwie die Notbremse ziehen musste und sich sehr bald etwas ändern musste. Ich wollte nicht unglücklich sein. Ich begann, mich mit dem Thema Spiritualität auseinanderzusetzen und stieß dabei auf Heilsteine. Steine generell faszinierten mich schon immer, aber eigentlich eher die, die man beim Spazieren gehen fand. Ich spürte recht schnell eine große Anziehung zum Mondstein. Wahrscheinlich lag es am Namen und an seinem Aussehen. Ich liebe nämlich den Mond und finde in äußerst faszinierend. Ich begann, mich immer mehr und mehr mit diesem Stein zu befassen. Ich las immer wieder *„der Stein der Weiblichkeit“* oder *„der Stein der Frauen“*.

Ich bestellte mir zwei Mondsteine im Internet. Sie waren sehr schön, aber innerlich war ich jedoch nicht so zufrieden. Ich wollte sie mir selbst aussuchen, sie selbst sehen und berühren. Also fuhren mein Schatz und ich in die Schweiz zu einem riesigen Edelsteinhaus. Der Wahnsinn. Ich war aufgeregt wie ein kleines Kind, als ich durch die große Tür hineinging. Ich hatte mir viel Zeit genommen und einen wunderschönen Mondstein in Herzform ausgesucht. Er war perfekt. Dieser Mondstein war von nun an mein täglicher, treuer Begleiter.

Ich trug ihn bestimmt zwei Jahre lang ganz nah bei mir, in meinem BH. Ja Du hast richtig gelesen, in meinem BH.

Und das meine Liebe, empfehle ich Dir auch.

Falls Du Angst haben solltest, dass Du deinen Stein im BH verliest, dann kannst Du ihn entweder mit einem Klebeband auf deinem Körper fixieren oder ihn täglich für längere Zeit im Liegen auf deinen Unterleib legen, um deine Gebärmutter zu harmonisieren.
Als ich meinen neuen Glücksbringer im BH trug, glich mein Zyklus nach kurzer Zeit einem Schweizer Uhrwerk. Pünktlich und genau. Genau nach 28 Tagen kam meine Periode und auch mein Eisprung kam eigentlich immer zur gleichen Zeit.
Ich erkläre Dir hier, wie das sein kann.

Der Mondstein reguliert den Hormonhaushalt der Frau und wirkt dadurch fruchtbarkeitsfördernd.
Ihm wird eine enorme Wirkung auf die weiblichen Geschlechtsorgane, vor allem den Eierstöcken, zugeschrieben. Er soll die Empfängnis, die Schwangerschaft, die Geburt und auch die Rückbildung positiv unterstützen. Der Mondstein wird auch bei Menstruationsbeschwerden und in den Wechseljahren gerne verwendet.
Er gilt als der beliebtester Heilstein bei Kinderwunsch und Unfruchtbarkeit und wird häufig als „Stein der Liebenden" bezeichnet, weil er das echte Liebesglück bewahren soll und das Gefühlsempfinden steigert. Der Mondstein reguliert den hormonellen Prozess deshalb, weil er auf die Zirbeldrüse, die Hypophyse, die Lymphdrüsen und auf die Eierstöcke wirkt. Desweiteren soll er entzündungshemmend sein und die Milchproduktion in der Schwangerschaft anregen.
Ziel ist es, das dein Zyklus, also dein biologischer Rhythmus im Einklang mit dem Naturrhythmus, zum Beispiel dem Mondzyklus, ist.

Früher wurden in den arabischen Ländern Mondsteine in die Kleidung der Frauen eingenäht, als Symbol der Weiblichkeit und

um ihre Fruchtbarkeit zu steigern.
Der Mondstein sollte möglichst über einen längeren Zeitraum auf der Haut getragen werden. Also nicht nur drei Tage, sondern am besten Wochen oder Monate.
Bevor Du deinen Stein das erste Mal verwendest, reinige ihn für ungefähr zwei Minuten unter fließendem, lauwarmem Wasser. Ich persönlich habe meinen Stein morgens nach dem Aufstehen bzw. nach dem Duschen direkt in meinen BH gelegt und trug ihn den ganzen Tag. Immer links, auf der Herzseite. Abends vor dem Schlafen gehen habe ich meinen geliebten Mondstein auf meine Kommode gelegt, hatte ihn also nicht direkt bei mir. Ich habe ihn jede Woche einmal unter fließendem Wasser gereinigt. Aufgeladen habe ich ihn immer bei Vollmond. Du kannst ihn aber auch generell bei Mondlicht aufladen. Lege ihn dann einfach auf die Fensterbank. Bei Vollmond ist die Wirkung aber am Stärksten. Nach deiner Menstruation solltest Du deinen Stein auch gründlich mehrere Minuten reinigen.

Für meine lieben Sternenmamas

Ich weiß, dieses Thema ist sehr sensibel, aber ich finde es wichtig, auch darüber zu schreiben. Ich persönlich finde, dass eine Frau, die ihr Baby in der Frühschwangerschaft verloren hat genau so trauern und über diesen Verlust Schmerz empfinden darf, wie eine Frau, die ihr Baby in der Mitte oder gegen Ende der Schwangerschaft verloren hat. Ich nehme mir nicht das Recht heraus, über dein Schmerz einer anderen Frau zu urteilen. Wir sitzen alle im gleichen Boot. Wir müssen uns einander an die Hand nehmen und gegenseitig stärken. Wir sind nicht bei einem Wettbewerb.

Schmerz ist Schmerz. Verlust ist Verlust.
Jeder Mensch hat das Recht, traurig zu sein, ohne sich rechtfertigen zu müssen oder deswegen schlecht zu fühlen.

Akzeptanz und Empathie sind die Schlüsselwörter.
Akzeptanz der Trauer gegenüber, die eine Mama nach einer Fehlgeburt empfindet, *denn jeder Mensch fühlt individuell.*
Empathisch zu sein, um sich in die Gefühlslage der Mama hineinzuversetzen und mitzufühlen.
Du kennst doch bestimmt die Sätze „Ich liebe dich seit der ersten Sekunde.“ oder „Ich habe dich seit der ersten Sekunde geliebt.“
Das bedeutet doch, dass man sein Baby - die Kinderseele - bedingungslos liebt, sobald man als Mama erfährt, dass man schwanger ist. Und das ist auch gut so. Liebe ist das stärkste Gefühl auf dieser Welt. Liebe kann man nicht vergleichen oder bemessen, anhand dessen, wie alt das Baby bei einer Fehlgeburt war.

Diese kleine Phantasie hat mir ein wenig über den Verlust hinweg geholfen:

Im Himmel gibt es ein Sternchenbaum, der vom Mond beschützt wird. Alle Sternchen an diesem Baum funkeln voller Wärme & Liebe und senden ihr eigenes Licht an ihre ausgewählten Eltern. Wenn die Zeit gekommen ist, lösen sie sich vom Baum und schweben auf die Erde. Manchmal schaffen sie nicht den ganzen langen Weg und entscheiden sich, wieder umzukehren. Dann hat die Mama ihr Baby auf Erden verloren. Das Sternchen schwebt zurück in den Himmel ins endlose Universum und wird ein großer, heller Stern. Dort ist er immer präsent und für seine Eltern sichtbar. Er scheint für seine Familie und erinnert sie an die bedingungslose, unendliche Liebe.

Deshalb heißen Eltern, die ein Baby verloren haben, Sterneneltern.

Sternenreise

So nah im Herz und doch so fern,

im Himmel bist Du nun, mein kleiner Stern.

Dort oben bist Du beschützt und nie allein,

Du wirst für immer mein geliebter Engel sein.

Zwei Striche auf dem Test bedeuteten die Welt,

einen Moment, den jede Mami für immer im Herzen behält.

Dein kleines schlagendes Herzchen formte die schönste Melodie,

unsere gemeinsame Zukunft füllte meine Fantasie.

Mein kleiner Liebling – mein Herz – Du warst so stark,

doch leider folgte sehr bald ein rabenschwarzer Tag.

Ich spürte, ich muss mich von Dir verabschieden,

jedoch sind mir unvergessliche Wochen mit Dir in meinem Bauch geblieben.

So groß ist die Lücke in meinem Herzen,

dein Verlust – so unermesslich groß meine Schmerzen.

Selbst in 100 Jahren schlägt mein Mamaherz für Dich,

Du warst & bist das größte Glück für mich.

Ich liebe Dich.

Deine Mama

Zum Abschluss ein paar liebe Worte für Dich!

Meine liebe ______________________________ ,
nun ist mein Buch zu Ende und ich freue mich sehr, dass ich mein Wissen und meine Erfahrungen mit Dir teilen durfte.
Ich möchte mich bei Dir bedanken für dein Interesse und deine Zeit, mein Buch zu lesen.
Ich wünsche mir wirklich von Herzen, dass ich Dir ein bisschen weiterhelfen und Dich bestärken konnte, denn das waren meine Ziele.
Bitte gib niemals auf und glaube an dein persönliches Wunder.
Dein eiserner Glaube kann so viel bewirken und wahr werden lassen.
Höre niemals auf zu träumen und zu kämpfen.
Ich hoffe so sehr, dass Du bald dein Wunder in den Armen halten kannst.
Auch wenn wir uns nicht kennen weiß ich, dass Du ein wundervoller und starker Mensch bist und ich bin stolz auf Dich.
Ich drücke Dich ganz feste und schicke Dir eine extra Portion Glück und ganz viel Liebe.
Denke immer daran, Du bist nicht alleine.
Wenn Du mal jemanden zum Reden brauchst oder Dich einfach nochmal über deine Gedanken austauschen möchtest, dann melde Dich bei mir unter:

Meine Website: *wunschkindmagie.de*

Viele liebe Grüße,
deine Sunny

Printed in Poland
by Amazon Fulfillment
Poland Sp. z o.o., Wrocław

78175785R00038